MW01715673

roman rouge

Dominique et compagnie

Sous la direction de

Yvon Brochu

Dominique Demers

Le chien secret de Poucet

Vive Francis!

Amitiés

Illustrations

Steve Beshwaty

Données de catalogage avant publication (Canada)

Demers, Dominique
Le chien secret de Poucet
(Roman rouge)
Publ. à l'origine dans les coll.
Carrousel. Mini-roman. 1999
Pour les jeunes de 6 ans et plus

ISBN 2-89512-272-5

I. Beshwaty, Steve. II. Titre.

PS8557.E468C44 2002 jC843'.54 C2001-941927-9
PS9557.E468C44 2002
PZ23.D45Ch 2002

Dépôts légaux : 3e trimestre 2002
Bibliothèque nationale du Québec
Bibliothèque nationale du Canada
Bibliothèque nationale de France

ISBN 2-89512-272-5

Imprimé au Canada

10 9 8 7 6 5 4 3 2

Direction de la collection :
Yvon Brochu, R-D création enr.
Éditrice : Dominique Payette
Direction artistique et
graphisme : Primeau & Barey
Révision-correction :
Martine Latulippe

Dominique et compagnie
300, rue Arran
Saint-Lambert (Québec) J4R 1K5
Téléphone : (514) 875-0327
Télécopieur : (450) 672-5448
Courriel :
dominiqueetcie@editionsheritage.com

Nous remercions le Conseil des Arts du Canada de l'aide accordée à notre programme de publication, ainsi que la SODEC et le ministère du Patrimoine canadien.

Gouvernement du Québec –
Programme de crédit d'impôt pour
l'édition de livres – SODEC

À Nicolas, Tania et Sébastien,
mes neveux et nièce

À Thérèse Gauthier et aux
enfants de Kangiqsujuaq

Et bien sûr à Yvon Brochu,
ce formidable complice

Chapitre 1

Kilimandjaro !

Poucet est triste aujourd'hui. Il a le cœur en compote pour trois bonnes raisons.

Un : sa meilleure amie, Amandine, vient de déménager. Avant, elle habitait dans l'édifice juste à côté. Maintenant, Amandine vit dans un village du Grand Nord, au bout du bout du Québec. Un village au nom très compliqué :

Kangiqsujuaq. Il faut même des instructions pour le prononcer. On dit : Ca-gnir-sou-jou-aque !

Deux : le nouveau voisin de Poucet n'est pas intéressant du tout. Il n'a même pas d'enfants !

Trois : la mère de Poucet a un nouvel emploi. Poucet sera encore plus souvent seul.

« Si au moins j'avais une sœur, un frère, un voisin ou un chien avec qui m'amuser », se dit Poucet, qui déteste s'ennuyer.

– Poucet ! Mon beau chéri ! Veux-tu m'apporter le journal ? demande sa mère.

Poucet ouvre la porte de l'appartement et prend le journal dans la boîte aux lettres. Au même moment, le nouveau voisin sort sur le perron de l'immeuble d'à côté. Il traîne derrière lui un gros sac mystérieux.

Le nouveau voisin est petit. « Comme moi ! », songe Poucet, qui aimerait tant grandir plus vite. Il est très rond aussi. « Pas comme moi ! », pense Poucet. Les jambes de Poucet sont maigres comme des cure-dents.

Poucet trouve que le nouveau voisin ressemble à un gros petit pois.

– Un petit pois gonflé avec une pompe de bicyclette ! s'exclame Poucet.

OUPS ! Poucet a la mauvaise habitude de réfléchir à haute voix.

Le nouveau voisin se retourne. Il sourit et salue Poucet de la main avant de partir. Poucet aperçoit alors une boule blonde devant la porte du voisin. Il tend le cou mais n'arrive pas à bien voir. Aussitôt Poucet descend les trois marches du perron et grimpe celles de

l'immeuble du voisin.

– Kilimandjaro ! s'écrie Poucet, comme chaque fois qu'il est très surpris.

Chapitre 2

Trop d'imagination ?

C'est un chien ! Un chien en peluche vraiment minuscule.

Poucet le cueille doucement. Le chien n'est pas plus haut que son pouce. Son poil est doux et frisé, couleur de caramel fondant. Ses yeux luisent comme du miel doré. Poucet a envie de le flatter du bout d'un doigt mais il se retient. Les animaux en peluche, c'est bébé la-la.

– Ah ! si seulement c'était un VRAI chien vivant ! soupire Poucet.

Il glisse l'animal dans sa poche. Oh ! Poucet sent un frisson dans sa main. Un tout petit frémissement de rien. Il a l'impression que le petit chien a remué ! Pourtant, c'est impossible. Un chien en peluche, ça ne bouge pas tout seul.

– Ma mère a raison : j'ai trop d'imagination, décide Poucet. Ce chien a dû tomber du sac de monsieur-le-petit-pois-soufflé. Je vais

le lui remettre ce soir.

– Vite, Poucet ! Ne sois pas en retard à l'école. Brosse tes dents, peigne tes mains, lave tes cheveux !

Poucet sourit. Sa mère mélange les mots quand elle est nerveuse. Et aujourd'hui, justement, elle commence son nouvel emploi.

Poucet est prêt. Avant de partir, Poucet jette un dernier coup d'œil au chien sur son lit. Le pauvre animal a l'air seul et perdu. Il est tellement petit. S'il était à lui, Poucet l'appellerait Petit Poucet.

– Salut, Petit Poucet ! Passe une bonne…

Le cœur de Poucet grimpe dans

sa gorge et ses yeux s'agrandissent.

On dirait que le chien a remué une oreille !

Oui, oui. Poucet en est presque sûr.

– Poucet ! crie sa mère. Dépêche-toi, sinon tu seras en retard à l'école !

Poucet ne veut plus laisser le chien derrière lui. Il le glisse dans sa poche, attrape son sac à dos et court vers l'école.

Chapitre 3

Crotte alors !

Pendant toute la journée, Poucet est distrait.

– Deux fois trois font quoi ? lui demande son professeur, monsieur Paparlotte.

Poucet n'a rien entendu. Il pense au petit chien et aussi à Amandine. Dans sa tête, il revoit Amandine à la fenêtre de sa chambre, juste devant la sienne. À l'aide de deux poulies et d'une vieille corde à linge, ils s'expédiaient des

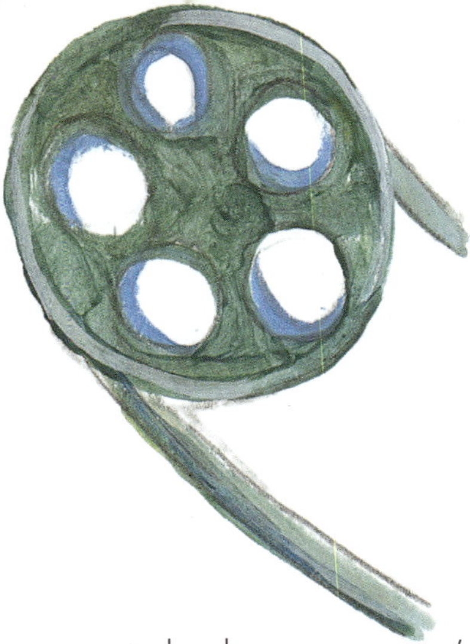

messages, des blagues, des codes secrets, des solutions de devoirs... et même des sandwichs à la banane.

Les sandwichs à la banane, c'était les soirs où le père d'Amandine préparait de la soupe aux betteraves. Chaque fois, Amandine faisait la grève du ventre. BEURK ! Pas question de manger la soupe de son père !

En cachette, Poucet préparait un gros sandwich à la banane. Il le mettait dans un sac, l'accrochait à une épingle et l'expédiait à Amandine. Un sandwich à la banane, c'est drôlement meilleur que de la soupe aux betteraves.

– Deux fois trois font quoi ? répète monsieur Paparlotte.

– Betteraves ! répond Poucet sans réfléchir.

Tous les élèves éclatent de rire.

Poucet n'aime pas ça. Il se fait souvent agacer parce qu'il est petit. Crevette ! Microbe ! Tête d'épingle ! Grain de sel ! Les noms pleuvent sur lui. Vont-ils l'appeler Betterave, maintenant ?

La cloche sonne. Enfin ! Poucet ramasse ses livres et se faufile vite. Il est le premier sorti. Il y a quand même des avantages à être petit. Poucet est déjà loin. Il ralentit un peu et plonge les mains dans ses poches. Du bout des doigts, il sent alors une fourrure chaude et soyeuse. Le petit chien du nouveau voisin ! Mais... mais... qu'est-ce que c'est ?

Poucet touche quelque chose d'autre au fond de sa poche. C'est... dur et rond et sec. Il sort la petite bille de sa poche. Il l'approche de son nez, hésite, renifle un peu.

– Kilimandjaro ! s'exclame Poucet.

C'est une crotte. Une crotte de chien !

Chapitre 4

Formules magiques

Dans la cuisine, Poucet fixe le téléphone. Il meurt d'envie de parler du petit chien à Amandine. Mais le bout du bout du Québec, c'est loin. Ça coûte cher d'interurbains. Et c'est au tour d'Amandine d'appeler...

Petit Poucet est installé sur la table. Il a l'air d'un animal en peluche ordinaire. Pourtant, Poucet a la preuve que c'est un chien en peluche magique. Un chien en peluche vivant qui fait des crottes ! Mais que faut-il dire ou faire pour qu'il bouge ? Existe-t-il une formule secrète ?

– Oreille de têtard ! Dent de pingouin ! Griffe d'araignée ! lance Poucet à tout hasard.

Le petit chien ne bouge pas.

Il n'y arrivera jamais. Des formules magiques, il en existe des centaines de milliards.

À moins... à moins qu'il faille un geste magique.

Poucet s'approche lentement et chatouille Petit Poucet dans le cou. Rien. Il lui gratte l'oreille gauche.

Puis la droite. Toujours rien.

À moins... à moins qu'il faille un truc magique.

Des trucs, Poucet en connaît plein. Il bouge ses deux oreilles en même temps sans les toucher. C'est impressionnant ! Il fait les yeux croches puis les yeux blancs.

Le petit chien ne remue toujours pas. Alors, Poucet se déchaîne. Il fait la roue puis trois culbutes et, pour finir, se tient debout sur ses mains. Toujours rien.

Poucet rugit à en perdre la voix.

Pire que douze lions en colère ! Il se tortille comme un ver qui a la varicelle. Et pour finir, il rote aussi fort qu'un gorille.

OUF ! Poucet a chaud. Il est épuisé. Il s'arrête et contemple le chien. Petit Poucet n'a pas bougé d'un poil. Ses yeux de miel doré le regardent. On dirait presque qu'il réfléchit.

– Tu es juste un chien en peluche ordinaire, dit Poucet, le cœur gros.

Poucet pousse un énorme soupir. Il se sent triste et fatigué. Tellement fatigué. Il va s'étendre sur le tapis du salon. Il installe quand même Petit Poucet à côté de lui. Trois secondes plus tard, Poucet ronfle.

Chapitre 5

Un Petit Poucet géant

Soudain, Poucet ouvre les yeux. Il ne dort plus. Il est allongé dans le salon sur un gros oreiller. Un oreiller poilu ! Un oreiller vivant ! Couleur de caramel fondant.

– Petit Poucet ! Est-ce bien toi ? s'exclame Poucet.

Le chien a grossi, grossi. Il est devenu immense. Il est magnifique ! Le cœur de Poucet bat très vite. Petit Poucet est bel et bien un chien magique. Un chien vivant

qui fait des crottes et qui peut grossir en secret.

Tout à coup, Poucet entend des pas. Il se lève d'un bond.

– Poucet ! Je suis arrivée ! crie sa mère.

Au secours ! Dans quelques secondes, elle va découvrir son Petit Poucet géant. Non ! Non ! Il ne faut pas. Les chiens sont interdits dans leur édifice. De plus, la mère de Poucet est allergique au poil. Poucet sent aussi qu'il ne doit pas révéler le secret du petit chien magique.

Les pas se rapprochent. Le cœur de Poucet cogne dans sa poitrine. Il fixe le couloir sans pouvoir bouger.

Il se produit alors un événement vraiment extraordinaire. Un grand éclair doré illumine le chien géant couché sur le tapis. L'animal magique disparaît sous un nuage de poussière brillante.

La mère de Poucet entre dans le salon. Elle ne s'occupe pas de Poucet et fonce droit sur le chien.

– Oh ! quel jouet mignon !

Poucet découvre alors que le chien a rapetissé miraculeusement. Il est redevenu aussi minuscule qu'avant.

Chapitre 6
Le-petit-pois-soufflé

Poucet est dehors, sur le perron, devant la porte du nouveau voisin. Il n'a pas envie de sonner. Le petit chien est dans sa poche. Mais il ne veut pas s'en séparer.

Soudain, la porte s'ouvre.

– Bonjour, Poucet ! dit le nouveau voisin avec un large sourire.

– Comment savez-vous mon nom ? demande Poucet.

Monsieur-le-petit-pois-soufflé ne répond pas à sa question.

– Entre ! dit-il plutôt. Je t'attendais. Je nous ai préparé une belle collation.

Il y a un véritable festin sur la table de la cuisine. Du lait onctueux à la fraise, des sandwichs à la banane bien épais, une assiette pleine de petits gâteaux au chocolat fourrés de caramel fondant, des ficelles de réglisse de trois couleurs différentes, des jujubes à l'ananas…

Poucet dévore avec appétit.

– C'est bon ! Ça fait du bien ! dit-il, la bouche pleine.

Son ventre est bientôt rempli. Il aurait envie de rester mais il est tard. Il doit rentrer. Poucet n'a plus le choix. Il plonge la main dans sa poche et tend Petit Poucet à son nouveau voisin.

– Tenez. Je crois que c'est à vous, dit-il, le cœur en bouillie.

Le visage du petit gros monsieur s'illumine.

– Bonjour, toi ! dit-il au petit chien d'une voix chaude en lui grattant les oreilles.

Le nouveau voisin observe Poucet avec attention.

– Mais reprends-le ! Il est à toi ! dit-il soudain.

– Quoi ? !

Poucet n'en revient pas. Il a envie de fuir tout de suite au grand galop avec Petit Poucet.

Au cas où monsieur-le-petit-pois-soufflé changerait d'idée !

Pourtant, quelque chose le retient. Il se sent obligé de dire la vérité.

– C'est un petit chien très… très ma… très magique, bredouille Poucet.

Le petit gros monsieur sourit.

– Bien sûr ! Et il n'est pas le seul. Regarde !

Le nouveau voisin se dirige vers la porte de l'ancienne chambre d'Amandine.

– OH ! s'écrie Poucet lorsque la porte s'ouvre.

Il y a là une armoire gigantesque, haute et large comme

un mur. L'armoire est remplie d'animaux en peluche minuscules : un tigre, un chimpanzé, une girafe, un ours, un dromadaire…

Avant même que Poucet pose la question, le nouveau voisin déclare d'une voix remplie d'émotion :

– Tous ces animaux sont magiques !

Chapitre 7
Les animaux magiques

Ce soir-là, Poucet a le cœur en fête lorsqu'il monte dans son lit.

– Je suis le gardien d'un chien magique... Je suis le gardien d'un chien magique...

Poucet est heureux. Il se glisse sous les couvertures. Petit Poucet est blotti dans le creux de sa main.

« Quel cadeau merveilleux ! Je ne serai plus jamais seul », songe Poucet.

Il se voit déjà traverser le

monde à dos de chien. Il ira jusqu'en Afrique peut-être. Jusqu'au Kilimandjaro ! Non... jusqu'à Kangiqsujuaq. Oh oui ! Pour revoir Amandine !

Soudain, Poucet se rappelle les paroles de son nouveau voisin.

– Les animaux magiques sont rares. Il faut les protéger, a-t-il dit.

Poucet contemple son petit chien.

– Ne t'inquiète pas. Je vais te protéger, promet-il.

Bien sûr, Poucet aimerait que son chien remue une oreille, qu'il agite une patte ou grossisse comme par enchantement. Mais il n'y a rien à faire. Les animaux magiques décident eux-mêmes quand bouger.

– Il ne faut pas les forcer, a expliqué le nouveau voisin. Prends bien soin de ton chien. Un jour, il te surprendra. Un jour, il te rendra de grands services.

Poucet soupire. Puis il murmure à son chien :

– Tu es mon meilleur ami, tu sais ?

À ce moment, une sonnerie fait bondir Poucet. Sa mère entre dans la chambre :

– Tu as un appel de Kangg... Kangsiii...

– Ca-gnir-sou-jou-aque ! clame Poucet tout joyeux.

Il s'empare de l'appareil.

– Allô ! Amandine ? Enfin ! Je suis tellement content de te parler ! Il m'arrive quelque chose d'extraordinaire...

Poucet regarde alors le petit chien dans sa main. On dirait presque un animal en peluche ordinaire. Mais... les minuscules

babines de Petit Poucet se retroussent soudain. Le petit chien lui sourit ! Puis il tombe endormi.

– Amandine…, chuchote Poucet dans le récepteur. Tu n'en croiras pas tes oreilles…

FIN ?

Kilimandjaro ! Est-ce vraiment la fin ? Poucet vivra-t-il des aventures avec son chien ? En attendant de le savoir, as-tu découvert ce que signifie le drôle de mot qu'utilise Poucet ? Kilimandjaro ! C'est presque aussi compliqué que Kangiqsujuaq...

Dans la même collection

1 **Lancelot, le dragon (Anique)**
Anique Poitras

2 **David et le Fantôme**
François Gravel

3 **Le petit musicien**
Gilles Tibo

4 **David et les monstres de la forêt**
François Gravel

5 **Sauvez Henri !**
Yvon Brochu

6 **David et le précipice**
François Gravel

7 **Le sixième arrêt (Somerset)**
Hélène Vachon

8 **Le petit avion jaune (Léonie)**
Mireille Villeneuve

9 **Choupette et son petit papa**
Gilles Tibo

10 **David et la maison de la sorcière**
François Gravel

11 **J'ai un beau château (Peccadille)**
Marie-Francine Hébert

12 **Le grand magicien**
Gilles Tibo

13 **Isidor Suzor (Anique)**
Anique Poitras

14 Le chien secret de Poucet
Dominique Demers

15 Entre la lune et le soleil
Nancy Montour

16 David et l'orage
François Gravel

17 Marie Louve-Garou (Anique)
Anique Poitras

18 Des étoiles sur notre maison
Camille Bouchard

19 Dessine-moi un prince (Peccadille)
Marie-Francine Hébert

20 Le cœur au vent
Nancy Montour

21 Mon plus proche voisin (Somerset)
Hélène Vachon

Achevé d'imprimer en août 2003
sur les presses de Imprimerie L'Empreinte inc.
à Ville Saint-Laurent (Québec)